AF262460

# LIGUE ANTI-CLÉRICALE

## RÈGLEMENT INTÉRIEUR

du

# GROUPE VOLTAIRIEN

DE

# SAINT-ÉTIENNE

— LOIRE —

SAINT-ETIENNE

Imprimerie et Lithographie C. Lombard, rue de Lyon, 31

1882

# LIGUE ANTI-GLÉRICALE

RÈGLEMENT INTÉRIEUR

DU

## GROUPE VOLTAIRIEN

DE SAINT-ÉTIENNE

— LOIRE —

## Admissions. — Exclusions.

ART. 1. — Pour faire partie du groupe, il faut être présenté par 2 Membres, être majeur, ou mineur émancipé, présenter des garantis de moralité et s'engager à suivre les Statuts de la Ligue Anti-Cléricale.

ART. 2. — Les noms des candidats et ceux des Membres qui les présentent, restent affichés sur un tableau spécial, pendant 15 jours, dans la salle des réunions. Une boîte installée auprès dudit tableau est destinée à recevoir les observations sur les postulants.

Art. 3. — Le comité est chargé de faire les enquêtes sur les postulants, et de présenter un rapport à l'Assemblée générale, qui les reçoit ou les refuse.

Art. 4. — Le Candidat ne devra pas assister à la réunion à laquelle on discute sa candidature ou tout au moins il devra se retirer pendant la dicussion. Il lui sera donné avis du résultat après le vote de l'Assemblée.

Art. 5. — S'il est reçu, le Comité adressera à la Commission Centrale de Paris, le procès-verbal de son admission et le double de sa demande d'affiliation, pour la signature et l'envoi du diplôme.

Art. 6. — Le groupe étant moralement responsable de ses Membres, se réserve le droit de les expulser après décision de l'Assemblée générale.

### Finances.

Art. 7. — Les Finances du Groupe, se composent des Cotisations, des Amendes, des Dons, des Recettes faites aux Conférences, des Quêtes faites aux Enterrements, etc., etc.

Art. 8 — La cotisation est fixée à 0,50 centimes par mois.

ART. 9. — Tout membre en retard de 3 mois, sera considéré comme démissionnaire (sauf cependant le cas de maladie) et après avertissement du comité il pourra être expulsé par l'Assemblée générale.

ART. 10. — Les Cotisations se payent à chaque Assemblée générale entre les mains des Secrétaires qui tiennent un livre à cet effet, et qui remettent le montant aux Trésoriers.

ART. 11.— Les Trésoriers sont responsables des sommes confiées à leur garde et ne pourront jamais en disposer sans une autorisation du Comité. Ils tiennent un livre de caisse.

### Emploi du Capital.

ART. 12. — Le Capital servira à couvrir tous les frais de bureau, de loyer, la formation de la bibliothèque, l'achat de 2 draps mortuaires, l'un pour les grandes personnes et l'autre pour les enfants, l'achat des couronnes, du cercueil et du terrain pour les inhumations.

ART. 13. — Le capital est impersonnel et inaliénable, aucune somme sous n'importe quel prétexte ne pourra être retirée de la caisse du groupe soit par les adhérents, soit par leurs héritiers ou ayants droit.

## Administration.

ART. 14. — Le groupe est administré par un Comité composé :

1° D'un Président ;

2° D'un Secrétaire général ;

3° D'un Secrétaire adjoint ;

4° D'un Trésorier général ;

5° D'un Trésorier adjoint.

ART. 15. — Le Président est toujours pris à tour de rôle et par ordre alphabétique parmi les membres présents.

ART. 16. — Les 4 autres membres du comité sont nommés par l'Assemblée générale à la majorité absolue et au bulletin secret. Le Comité est renouvelable tous les ans au 29 Juillet ou à l'Assemblée la plus rapprochée de cette date. Les membres sortants sont rééligibles.

ART. 17. — Le Comité se réunit tous les 15 jours.

Art. 18. — Les délibérations et procès-verbaux sont, après adoption, relevés sur un registre tenu par les Secrétaires.

Art. 19. — Les attributions du Comité consistent à représenter le Groupe dans tous ses intérêts, à faire observer les Statuts de la ligue et le Règlement intérieur par tous les adhérents. Il correspond avec la Commission centrale de Paris. Il forme les enquêtes, il est chargé des convocations, avis et décisions. Il fait rentrer les cotisations.

### Contrôle.

Art. 20. — Une Commission dite de contrôle composée de 3 Membres est nommée par l'Assemblée. Elle est renouvelable tous les ans.

Art. 21. — Elle donne tous les trois mois aux Assemblées générales obligatoires, un exposé de la situation morale et financière du groupe.

### Assemblée générale.

Art. 22. — Tous les mois, et le dernier dimanche de chaque mois, à 8 heures et demie du matin a lieu une Assemblée générale.

Art. 23. — Tous les 3 mois et le dernier dimanche des mois de Juillet, Octobre, Janvier et Avril, a lieu une Assemblée générale obligatoire, à 8 heures et demie du matin.

Art. 24. — Tout Membre qui n'assiste pas à l'Assemblée générale obligatoire, payera une amende de 0,25 centimes.

Art. 25. — Pour que les Assemblées générales puissent délibérer valablement, il faut que la moitié plus un des membres inscrits soient présents. Dans le cas contraire, une deuxième réunion, sans nouvelle convocation, a lieu de plein droit huit jours après, et les délibérations sont valables à la majorité relative quelque soit le nombre des membres présents.

Art. 26. — Les décisions sont constatées par un procès-verbal dressé par le Secrétaire élu pour la formation du Bureau. Ce procès-verbal est signé par le Président et le Secrétaire, et, après adoption, il est relevé sur un registre par l'un des Secrétaires du Comité. L'original reste aux Archives.

Art. 27. — Chaque Assemblée générale nomme les membres de son bureau à l'exception du Président qui est toujours pris à tour de rôle.

Art. 28. — Le Comité a toujours le droit de convoquer les membres du Groupe en Assemblée générale extra-ordinaire.

Art. 29. — La Commission de Contrôle a le même droit au cas oú elle le jugerait nécessaire.

## Dissolution.

Art. 30. — Le Groupe ne pourra jamais être dissout pour cause d'exclusion d'un ou de plusieurs de ses membres.

Art. 31. — La dissolution étant demandée par écrit au Comité par la majorité des membres, pourra être discutée en Assemblée générale et ne sera prononcée qu'avec l'adhésion des neuf dixièmes des Membres du Groupe.

## Liquidation.

Art. 32. — En cas de dissolution, le capital restant en caisse sera partagé entre les groupes existant à ce moment à Saint-Etienne et faisant partie de la Ligue.

Art. 33. — Les dettes, s'il y en a, seront réparties conformément entre tous les adhérents.

Art. 34 — Les membres en retard de leur cotisation, restent responsables des dettes pour leur part, s'ils ne sont pas exclus.

## Dispositions générales

Art. 35. — Chaque fois que le Comité sera prévenu à temps du décès d'un Membre du Groupe, il convoquera les co-associés du défunt à ses funérailles et fera le nécessaire pour l'inhumation.

Art. 36. — Tous les membres du Groupe doivent assister aux obsèques du défunt, munis de leurs insignes.

Art. 37. — Tout membre convoqué régulièrement, qui n'assistera pas à l'enterrement d'un Membre, payera une amende de 1 franc.

Art. 38. — Si le mari et la femme font partie du Groupe, la présence de l'un des deux est suffisante ; mais si l'un et l'autre sont absents, ils payent tous deux l'amende. La présente disposition est applicable aux Assemblées générales obligatoires.

Art. 39. — Le Comité veillera à ce que les parents du défunt ne le fasse pas enterrer religieusement. A cet effet, tout membre du Groupe devra faire un testament olographe qui sera déposé chez un notaire par les soins du Comité.

Art. 40. — Dans les cas de mariage d'un membre du Groupe, le Comité déléguera 2 membres à l'effet d'assister à la cérémonie civile.

Art. 41. — Il en sera de même pour les naissances si le membre en fait la demande.

Art. 42. — Le présent règlement est susceptible d'être révisé ou modifié en Assemblée générale chaque fois que le besoin l'exigera.

| DATES | Sommes versées | | SIGNATURE | |
| DES VERSEMENTS | F. | C. | DU RECEVEUR | |
|---|---|---|---|---|
| 18 ......... | | | | |
| ......... Janvier... | | | | |
| ......... Février... | | | | |
| ......... Mars ..... | | | | |
| ......... Avril..... | | | | |
| ......... Mai...... | | | | |
| ......... Juin ..... | | | | |
| ......... Juillet.... | | | | |
| ......... Août..... | | | | |
| ....... Septembre | | | | |
| ......... Octobre .. | | | | |
| ....... Novembre. | | | | |
| ......... Décembre. | | | | |

| DATES | Sommes versées | | SIGNATURE | |
|---|---|---|---|---|
| DES VERSEMENTS | F. | C. | DU RECEVEUR | |
| 18............ | | | | |
| ............Janvier... | | | | |
| ............Février... | | | | |
| ............Mars..... | | | | |
| ............Avril..... | | | | |
| ............Mai...... | | | | |
| ............Juin ..... | | | | |
| ............Juillet.... | | | | |
| ............Août..... | | | | |
| ............Septembre | | | | |
| ............Octobre .. | | | | |
| ............Novembre. | | | | |
| ............Décembre. | | | | |

| DATES DES VERSEMENTS | Sommes versées | | SIGNATURE DU RECEVEUR | |
|---|---|---|---|---|
| | F. | C. | | |
| 18......... | | | | |
| ...... Janvier... | | | | |
| ...... Février... | | | | |
| ...... Mars..... | | | | |
| ...... Avril..... | | | | |
| ...... Mai...... | | | | |
| ...... Juin ..... | | | | |
| ...... Juillet.... | | | | |
| ...... Août..... | | | | |
| ...... Septembre | | | | |
| ...... Octobre .. | | | | |
| ...... Novembre. | | | | |
| ...... Décembre. | | | | |

| DATES<br>ES VERSEMENTS | Sommes versées | | SIGNATURE<br>DU RECEVEUR | |
|---|---|---|---|---|
| | F. | C. | | |
| 3......... | | | | |
| ......Janvier..... | | | | |
| ......Février... | | | | |
| ......Mars..... | | | | |
| ......Avril..... | | | | |
| ......Mai...... | | | | |
| ......Juin ..... | | | | |
| ......Juillet.... | | | | |
| ......Août..... | | | | |
| ......Septembre | | | | |
| ......Octobre .. | | | | |
| ......Novembre. | | | | |
| ......Décembre. | | | | |